Comité pour la protection de l'environnement (CPE)

Manuel sur les espèces non indigènes

Édition 2016

Secretariat of the Antarctic Treaty
Secrétariat du Traité sur L'Antarctique
Секретариат Договора об Антарктике
Secretaría del Tratado Antártico

Comité pour la protection de l'environnement (CPE)

Manuel sur les espèces non indigènes

Édition 2016

Secrétariat du Traité sur l'Antarctique

Buenos Aires

2016

Comité pour la protection de l'environnement (CPE)

Manuel sur les espèces non indigènes. Édition 2016.

Buenos Aires : Secrétariat du Traité sur l'Antarctique, 2016.

45 p.

ISBN 978-987-4024-31-2

1. Protection environnemental. 2. Droit international. 3. Système du Traité sur l'Antarctique.

DDC 578.6/2

La première édition de ce manuel a été adoptée par la Réunion consultative du Traité sur l'Antarctique par la Résolution 6 (2011). Le manuel a été compilé et préparé par un Groupe de contact intersessions (GCI) du Comité pour la protection de l'environnement (CPE) entre 2009 et 2011. La deuxième édition du manuel a été élaborée par un GCI du CPE entre 2015 et 2016.

Publié par :

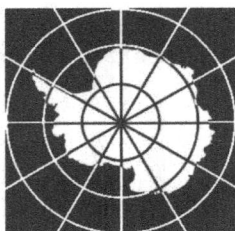

Secretariat of the Antarctic Treaty
Secrétariat du Traité sur L'Antarctique
Секретариат Договора об Антарктике
Secretaría del Tratado Antártico

Maipú 757, piso 4
C1006ACI - Ciudad Autónoma
Buenos Aires - Argentina
Tel: +54 11 4320-4250
Fax: +54 11 4320-4253

Ce rapport est également disponible à : www.ats.aq (version numérique) et exemplaires achetés en ligne.

ISBN 978-987-4024-31-2

Table des matières

1. Introduction

a) Objectif

L'objectif général sous-tendant les actions prises par les Parties afin de répondre aux risques que posent les espèces non indigènes est de :

Protéger la biodiversité et les valeurs intrinsèques de l'Antarctique en prévenant l'introduction involontaire d'espèces non indigènes dans la région Antarctique, et les déplacements d'espèces d'une zone biogéographique à une autre au sein de l'Antarctique.

Prévenir les introductions involontaires constitue un objectif ambitieux, qui s'aligne sur les principes du Protocole au Traité sur l'Antarctique relatif à la protection de l'environnement (1991). Dans la pratique, des mesures devront être adoptées afin de réduire les risques d'impacts dus aux espèces non indigènes en Antarctique, en prenant toutes les mesures possibles en matière de prévention.

b) But et contexte

L'objet du présent manuel est de fournir des orientations aux Parties au Traité sur l'Antarctique afin d'atteindre l'objectif susmentionné, à savoir réduire les risques d'introduction accidentelle ou involontaire d'espèces non indigènes et réagir efficacement dans le cas où une introduction se produit. Ce manuel inclut également des principes directeurs clés et des liens vers des lignes directrices et des ressources pratiques que les opérateurs peuvent appliquer et utiliser, le cas échéant, afin d'aider la Réunion à respecter les engagements pris en vertu de l'Annexe II au Protocole. Les lignes directrices n'ont qu'un caractère de recommandation et toutes les lignes directrices ne s'appliquent pas à toutes les opérations. C'est également un document « vivant » qui sera mis à jour et complété en fonction de l'évolution des nouveaux travaux, des recherches et des bonnes pratiques afin d'affiner ces orientations. Ces mesures sont recommandées le cas échéant afin d'appuyer les efforts des Parties visant à éviter les introductions accidentelles ou involontaires, et à gérer les espèces non indigènes établies ; elles ne doivent pas être perçues comme obligatoires.

Ce manuel traite de l'introduction accidentelle ou involontaire d'espèces non indigènes. L'introduction d'espèces non indigènes dans le cadre d'un permis (conformément à l'article 4 de l'Annexe II au Protocole) n'est pas abordée dans ce document. Les lignes directrices concernant les interventions en cas d'introductions involontaires peuvent toutefois être appliquées aux mesures prises en réaction au dispersement des espèces introduites volontairement dans le cadre d'un permis.

En raison de la quantité substantielle de recherches scientifiques menées sur les espèces non indigènes au sein de l'Antarctique ces dernières années (cf. Références et informations), la compréhension des risques liés à l'introduction des espèces non indigènes s'est améliorée, même si des informations complémentaires pourraient se révéler bénéfiques. D'autres études relatives aux conséquences des introductions sur les écosystèmes antarctiques, et des recherches visant à favoriser une réaction rapide et efficace sont également nécessaires. Ce manuel vise également à soutenir et encourager des travaux supplémentaires, afin de combler les lacunes existantes dans nos connaissances actuelles. Lorsqu'elles procèdent à une évaluation environnementale et suivent les procédures d'autorisation, les Parties doivent envisager des méthodes qui garantissent que les initiateurs d'activités en Antarctique ont pris connaissance de ce manuel et des ressources qui y sont associées, et mettent en œuvre les pratiques de prévention visant à réduire au maximum le risque d'introduction des espèces non indigènes.

c) Contexte[1]

Les invasions biologiques figurent parmi les menaces les plus sérieuses auxquelles la biodiversité est confrontée à travers le monde; elles menacent la survie des espèces et portent une part de responsabilité dans les changements majeurs qui affectent la structure et le fonctionnement des écosystèmes. Malgré la situation isolée de l'Antarctique et les conditions climatiques rudes qui y règnent, les invasions sont aujourd'hui reconnues comme présentant un risque grave pour la région : les zones libres de glace de l'Antarctique et les îles subantarctiques alentours abritent une grande partie des espèces d'oiseaux marins du monde, et leurs biotes terrestres, même si leur nombre d'espèces est faible, comprennent une forte proportion de taxons endémiques et bien adaptés. En termes d'espèces, l'océan Austral est plus riche que l'environnement terrestre de l'Antarctique, et il

---

[1] Cette section a été rédigée par plusieurs scientifiques impliqués dans le projet international « Aliens in Antarctica » (D. Bergstrom, S. Chown, P. Convey, Y. Frenot, N. Gremmen, A. Huiskes, K. A. Hughes, S. Imura, M. Lebouvier, J. Lee, F. Steenhuisen, M.Tsujimoto, B. van de Vijver et J. Whinam) et adaptée en fonction des commentaires des membres du GCI.

existe un haut niveau d'endémisme. Il est probable qu'en raison du changement climatique rapide à l'œuvre dans certaines parties de l'Antarctique, les introductions et le succès croissant de la colonisation par des espèces non indigènes augmentent, et aient davantage de conséquences sur les écosystèmes, comme on peut déjà le voir dans les îles subantarctiques. Outre l'introduction d'espèces originellement externes à l'Antarctique, la contamination croisée entre les zones libres de glace, notamment les nunataks isolés, ou entre les différentes zones marines, menace également la diversité biologique et génétique des régions biogéographiques, et ce risque doit être maîtrisé. Le développement des activités humaines dans ces régions (notamment scientifiques, logistiques, touristiques, halieutiques et récréatives) va multiplier le risque d'introductions involontaires d'organismes, qui ont un cycle biologique leur étant favorable pendant les phases de transport, d'établissement et d'expansion de l'invasion, et qui sont favorisés par le réchauffement - et potentiellement d'autres effets du changement climatique. Récemment, le risque que présente le transfert des espèces entre les sites de l'Antarctique a fait l'objet d'une attention particulière en vue de gérer les risques posés par les espèces non indigènes. En 2012, la XVe réunion du CPE a adopté 15 régions de conservations biogéographiques de l'Antarctique. La délimitation de ces régions biologiquement distinctes est utile à la gestion des risques associés au déplacement d'espèces non indigènes entre différentes régions de l'Antarctique.

La grande majorité des espèces non indigènes ne deviennent pas envahissantes, mais les espèces qui le deviennent constituent l'une des principales menaces à la biodiversité mondiale. Prévenir l'introduction d'une espèce non indigène est donc la clé pour lutter contre ce phénomène. Si la prévention échoue, détecter et réagir rapidement pour éliminer les espèces prend toute son importance. Il est plus aisé de lutter contre ces invasions si les espèces non indigènes sont repérées tôt. En outre, la présence d'espèces non indigènes qui ne sont que « transitoires » ou « persistantes » mais pas encore « envahissantes » est aussi hautement indésirable en termes de protection de l'environnement et des valeurs scientifiques de l'Antarctique, en particulier parce que ces espèces peuvent devenir envahissantes. Les changements environnementaux actuellement à l'œuvre en Antarctique, comme dans d'autres parties du monde, peuvent altérer la biodiversité locale au cours des décennies ou des siècles à venir. Il incombe aux Parties et aux autres acteurs actifs dans la région de réduire au maximum les risques que l'homme ne devienne un vecteur direct de changement via l'introduction d'espèces non indigènes et/ou la dissémination de maladies dans les écosystèmes marin et terrestre couverts par la zone du Traité sur l'Antarctique.

La Réunion d'experts du Traité sur l'Antarctique de 2010 sur les implications du changement climatique pour la gestion de l'Antarctique a mis en exergue l'importance des actions adoptées en vue de réduire les risques et l'impact des espèces non indigènes sur les écosystèmes antarctiques. La Réunion :

- a reconnu que des efforts devront surtout être axés sur la prévention de l'introduction d'espèces non indigènes, et sur la réduction significative du risque d'introductions facilitées par l'homme au travers des programmes nationaux et des activités de tourisme. Elle a insisté sur le fait qu'il est important de garantir une mise en œuvre complète de nouvelles mesures afin de prendre ces risques à bras le corps (paragraphe 111 du Rapport du co-président).

- A recommandé que le CPE « envisage l'utilisation de méthodes établies pour l'identification a) des environnements antarctiques fortement menacés par l'établissement d'espèces non indigènes et b) des espèces non indigènes qui présentent un risque d'établissement en Antarctique » (Recommandation 22).

- A recommandé que les Parties soient encouragées à mettre en œuvre de manière exhaustive et cohérente les mesures de gestion afin de réagir aux implications environnementales du changement climatique, en particulier les mesures visant à éviter l'introduction et le transfert d'espèces non indigènes, et à rendre compte de leur efficacité (Recommandation 23).

En 2015, le CPE a adopté le Plan de travail en réponse au changement climatique (PTRCC) qui vise à promouvoir ces recommandations et d'autres recommandations environnementales émises par la RETA (Résolution 4, 2015). Le PTRCC décrit les questions auxquelles le CPE est confronté en raison du climat antarctique changeant, les actions/tâches nécessaires pour traiter ces questions, leur niveau de priorité, et les suggestions quant à la manière, au moment et aux acteurs les plus adaptés à la bonne réalisation de ces actions. L'une des questions liées au climat identifiées concerne le potentiel accru d'introduction et d'établissement d'espèces non indigènes. Le PTRCC recommande que les membres du CPE poursuivent le développement du Manuel sur les espèces non indigènes du CPE (en s'assurant que les impacts du changement climatique soient inclus, en particulier dans l'élaboration d'approches de suivi) et d'une stratégie de réponse, ainsi que l'inclusion des espèces non indigènes dans les lignes directrices relatives aux EIE (cf. également l'Annexe au présent Manuel).

Le Plan de travail quinquennal du CPE est un document vivant, actualisé annuellement, parallèlement aux priorités de travail du Comité. Les espèces non indigènes sont identifiées dans le plan de travail comme une haute priorité pour le CPE, et le plan de travail prévoit et peut orienter les travaux ultérieurs sur le sujet.

Le Portail des environnements (www.environments.aq) est une source d'informations revues par les pairs sur l'environnement antarctique, qui inclut des résumés par sujets sur les espèces non indigènes (p. ex. Newman et al., 2014 ; Hughes et Frenot, 2015).

d) Glossaire

La terminologie relative aux espèces non indigènes et envahissantes n'a pas été harmonisée au niveau international et certains des termes repris ci-dessous sont définis pour le contexte spécifique à l'Antarctique :

Région biogéographique : région de l'Antarctique biologiquement distincte des autres régions. Des risques à la biodiversité et aux valeurs intrinsèques émanant des espèces non indigènes peuvent se poser si (1) les espèces indigènes de l'Antarctique sont déplacées par les activités humaines entre les différentes régions biogéographiques, ou (2) les espèces non indigènes établies dans une région biogéographique antarctique sont disséminées dans d'autres régions par des mécanismes humains ou naturels.

Confinement : Mise en œuvre de mesures de gestion visant à prévenir la dissémination d'espèces non indigènes.

Contrôle : Utilisation de méthodes pratiques de confinement et/ou de réduction de la viabilité des espèces non indigènes.

Endémique : espèce indigène restreinte à une région ou une localité spécifique de l'Antarctique.

Éradication : Élimination définitive d'une espèce non indigène.

Introduction/introduit : déplacement direct ou indirect d'un organisme en dehors de son aire de répartition naturelle, effectué par le biais d'un agent humain. Ce terme peut s'appliquer à un déplacement intercontinental ou intracontinental d'espèces.

Envahissant/invasion : espèces non indigènes étendant leur aire de répartition dans la région colonisée de l'Antarctique, déplaçant les espèces indigènes et causant des dommages significatifs à la biodiversité et au fonctionnement de l'écosystème.

Espèce non indigène/exotique : organisme présent en dehors de son aire de répartition et de son potentiel de dissémination naturels passés ou présents, dont la présence et la dissémination dans une région biogéographique de la zone du Traité sur l'Antarctique résulte d'une action humaine involontaire.

Persistant/établi : espèce non indigène ayant survécu, s'étant établie et reproduite depuis de nombreuses années dans une localité restreinte de l'Antarctique, mais n'ayant pas étendu son aire de répartition au-delà d'un site spécifique.

Transitoire : espèce non indigène ayant survécu en petites populations pour une courte période en Antarctique, mais qui a naturellement disparu ou a été éliminée par le biais d'une intervention humaine.

2. Principes directeurs clés

Afin de mieux mettre en exergue le risque environnemental lié à l'introduction involontaire d'espèces non indigènes en Antarctique et d'orienter les actions menées par les Parties conformément à l'objectif général, 11 principes directeurs clés ont été établis. Ils sont répertoriés en fonction des trois principales composantes du cadre de gestion des espèces non indigènes : prévention, surveillance et réponse. Nombre de ces principes directeurs clés sont tout aussi applicables à la prévention de l'introduction et de la dissémination de pathogènes pouvant provoquer des maladies chez les espèces antarctiques.

Prévention

La prévention constitue le moyen le plus efficace de réduire au maximum les risques associés à l'introduction ces espèces non indigènes et à leurs impacts, et relève de la responsabilité de toutes les personnes qui voyagent en Antarctique.

1. Sensibiliser différents publics, à différents niveaux, représente une composante essentielle de la gestion. Toutes les personnes voyageant en Antarctique devront prendre les mesures nécessaires afin d'éviter l'introduction d'espèces non indigènes.

2. Les risques liés à l'introduction d'espèces non indigènes devront être identifiés et abordés au moment de la planification des activités, notamment au travers du processus d'évaluation d'impact environnemental (EIE) mené en vertu de l'article 8 et de l'Annexe I au Protocole.

3. En l'absence de données scientifiques de référence solides, le principe de précaution devra être adopté afin de réduire au maximum le risque d'introduction par voie humaine d'espèces non indigènes, ainsi que le risque de transfert interrégional et local de propagules dans des régions intactes.

4. Les mesures préventives sont plus susceptibles d'être mises en œuvre et efficaces si elles sont :

- axées sur le traitement des activités et zones à haut risque ;

- élaborées en vue de correspondre aux conditions particulières de l'activité ou de la zone en question, et à l'échelle appropriée ;

- simples d'un point de vue technique et logistique ;

- aisément applicables ;

- rentables et ne demandant pas trop de temps.

5. La prévention devra être centrée sur des mesures préalables au départ, dans la chaîne logistique et d'approvisionnement :

- au point d'origine en dehors de l'Antarctique (p.ex. les marchandises, l'équipement personnel, les paquets) ;

- aux points d'entrée à l'Antarctique (ports, aéroports) ;

- sur les moyens de transport (navires, aéronefs) ;

- aux stations antarctiques et dans les camps sur le terrain qui constituent des points de départ pour les activités sur le continent.

6. Une attention toute particulière devra être portée au fait de garantir la propreté des objets utilisés antérieurement dans des climats froids (p.ex.: l'Arctique, les zones subantarctiques et montagneuses), qui peuvent transporter des espèces « pré-adaptées » et contribuer à leur établissement dans l'environnement antarctique.

Surveillance

La surveillance peut consister en de l'observation passive (à savoir, attendre l'apparition d'espèces non indigènes) ou ciblée (un programme actif d'identification d'espèces non indigènes potentielles). Il est important de disposer de bonnes données de référence relatives à la faune et à la flore indigène si l'on veut faciliter la surveillance des espèces non-indigènes.

7. Une surveillance régulière/périodique, à une fréquence adaptée au risque potentiel, des sites à haut risque (p.ex. la zone entourant les stations de recherche, mais pas seulement) devra être encouragée.

8. Les mesures de prévention devront être examinées et révisées de manière périodique.

9. Les informations et les bonnes pratiques liées aux espèces non indigènes devront faire l'objet d'un échange entre les Parties et les autres parties prenantes.

Réponse

Il sera essentiel de proposer une réponse rapide et d'évaluer la faisabilité et l'intérêt d'éradiquer les espèces non indigènes. Si l'éradication est jugée non faisable ou inopportune, le contrôle et/ou le confinement seront alors envisagés.

10. Par souci d'efficacité, les réponses proposées aux introductions devront être entreprises prioritairement, afin d'éviter une augmentation de l'aire de répartition de ces espèces et d'en faciliter l'éradication, la rendant plus rentable économiquement et plus susceptible de réussir.

11. L'efficacité des programmes de contrôle ou d'éradication doit être évaluée régulièrement, notamment par des études de suivi.

3. Lignes directrices et ressources pour soutenir la prévention de l'introduction d'espèces non indigènes

y compris le transfert d'espèces entre sites dans l'Antarctique, et pour détecter et lutter contre les espèces non indigènes établies. Conformément à l'objectif général qui sous-tend les actions des Parties visant à gérer les risques posés par les espèces non indigènes, et aux principes directeurs clés (sections 1 et 2), les lignes directrices et ressources suivantes ont été développées. Les opérateurs peuvent les appliquer et les utiliser, le cas échéant, afin de les aider à tenir les engagements pris en vertu de l'Annexe II au Protocole.

Prévention

1. Le processus d'évaluation d'impact environnemental constitue un facteur essentiel de la prévention de l'introduction d'espèces non indigènes et de leur dissémination future.

Lignes directrices

Lignes directrices relatives à l'évaluation d'impact environnemental en Antarctique

http://www.ats.aq/documents/ATCM39/att/atcm39_att013_rev1_f.doc

2. La prévention constitue le moyen le plus efficace de réduire au maximum les risques liés à l'introduction d'espèces non indigènes.

Lignes directrices :

La liste suivante offre des orientations générales quant à la prévention de l'introduction d'espèces non indigènes en Antarctique, dont les détails seront précisés ultérieurement :

• S'ils ne sont pas neufs, s'assurer que les vêtements fournis pour être utilisés en Antarctique sont nettoyés en utilisant des procédures de lavage normales avant d'être envoyés en Antarctiques. Les chaussures préalablement portées doivent être nettoyées rigoureusement avant l'arrivée en Antarctique ou entre les différents sites en Antarctique.

• Envisager d'équiper les stations de recherche de moyens permettant le lavage et l'entretien des vêtements et de l'équipement utilisés sur le terrain, en particulier lorsqu'ils doivent l'être sur des sites distincts ou multiples.

- Vérifier les marchandises afin de s'assurer qu'elles soient exemptes de toute contamination visible (sol, boue, végétation, propagules) avant de les charger à bord des aéronefs ou des navires.

- Nettoyer les véhicules afin de prévenir le transfert d'espèces non indigènes dans et autour de l'Antarctique.

- Confirmer que les navires ne contiennent pas de rongeurs avant leur départ pour l'Antarctique.

- Emballer, stocker et charger les marchandises dans une zone disposant d'une surface propre et étanche (p.ex. bitume ou béton qui ne comporte pas de traces de plantes adventices, de terre, de rongeurs, et se trouvent loin de la décharge). Ces zones devront être nettoyées et inspectées régulièrement.

- Les conteneurs, y compris les conteneurs et boîtes/caisses certifiés ISO, ne devront pas être déplacés d'un site antarctique à un autre, à moins d'avoir été nettoyés avant leur arrivée au nouveau site.

- S'assurer que les aéronefs intercontinentaux sont vérifiés et traités comme il se doit, dans la mesure du possible, afin de garantir l'absence d'insectes avant leur départ pour l'Antarctique.

- Les aliments et les déchets alimentaires sont gérés précautionneusement afin d'éviter qu'ils pénètrent dans l'environnement (p.ex.: gardés à distance des espèces sauvages et retirés de l'Antarctique ou incinérés).

Lors de la XVe réunion du CPE, le Comité a reconnu l'importance des Régions de conservation biogéographiques de l'Antarctique (RCBA) pour ses travaux visant à gérer les risques liés aux espèces non indigènes, en particulier les risques de transfert d'espèces entre des endroits biologiquement distincts en Antarctique. Les descriptions des Régions de conservation biogéographiques de l'Antarctique sont disponibles à l'adresse : http://www.ats.aq/documents/recatt/Att500_f.pdf La carte reprise sur le Portail des environnements de l'Antarctique montre en détail l'étendue des Régions de conservation biogéographiques de l'Antarctique et est disponible à l'adresse : https://environments.aq/map/

Procédures de nettoyage des véhicules pour éviter le transfert d'espèces non indigènes dans et autour de l'Antarctique (XXXIIIe RCTA – WP 08).

http://www.ats.aq/documents/A⁻CM33/wp/ATCM33_wp008_f.doc

Directives pour réduire au maximum les risques liés aux espèces non indigènes et aux maladies dans les installations hydroponiques antarctiques (XXXVe RCTA – WP 25 rév.1)

http://www.ats.aq/documents/ATCM35/wp/ATCM35_wp025_rev1_f.doc

http://www.ats.aq/documents/ATCM35/att/ATCM35_att103_f.doc

Ressources:

Listes de vérification des gestionnaires de chaîne d'approvisionnement des programmes nationaux antarctiques pour la réduction du risque de transfert d'espèces non indigènes (COMNAP, SCAR, 2010)
https://www.comnap.aq/Shared%20Documents/nnschecklists.pdf

«SCAR's environmental code of conduct for terrestrial scientific field research in Antarctica» (XXXIIe RCTA - IP 04)

http://www.ats.aq/documents/ATCM32/ip/ATCM32_ip004_e.doc

Code de conduite pour les activités en environnement géothermique continental dans l'Antarctique. Résolution 3 (2016)

http://www.ats.aq/documents/ATCM39/att/atcm39_att018_f.doc

« SCAR's code of conduct for the exploration and research of subglacial aquatic environments » (XXXIVe RCTA- IP 33)

http://www.ats.aq/documents/ATCM34/ip/ATCM34_ip033_e.doc

Poursuivre la sensibilisation sur l'introduction des espèces non indigènes : Résultats de l'atelier et listes de vérification pour les gestionnaires de la chaîne d'approvisionnement (XXXIVe RCTA – WP 12)

http://www.ats.aq/documents/ATCM34/wp/ATCM34_wp012_f.doc

http://www.ats.aq/documents/ATCM34/att/ATCM34_att014_e.pdf

http://www.ats.aq/documents/ATCM34/att/ATCM34_att015_e.pdf

Réduction du risque d'introduction involontaire d'espèces non-indigènes associé à l'importation de fruits et légumes frais en Antarctique (XXXVe RCTA – WP 06)

http://www.ats.aq/documents/ATCM35/wp/ATCM35_WP006_f.doc

Lignes directrices de biosécurité et de quarantaine pour les sites de reproduction de l'ACAP

http://acap.aq/en/resources/acap-conservation-guidelines/2180-biosecurity-guidelines/file

Résultats du programme de l'Année polaire internationale : « Aliens in Antarctica » (XXXVᵉ RCTA – WP 05)

http://www.ats.aq/documents/ATCM35/wp/ATCM35_wp005_f.doc

«Continent-wide risk assessment for the establishment of non indigenous species in Antarctica» (XXXVᵉ RCTA – BP 01)

http://www.ats.aq/documents/ATCM35/bp/ATCM35_bp001_e.pdf

3. Développer et livrer des programmes de sensibilisation à destination de toutes les personnes qui voyagent et travaillent en Antarctique sur les risques posés par les déplacements inter- et intracontinentaux des espèces non indigènes et sur les mesures nécessaires à la prévention de leur introduction, notamment une série de messages clés harmonisés pour les programmes de sensibilisation. Les programmes d'éducation et de formation doivent être adaptés, dans certains cas en utilisant les éléments utiles des informations reprises ci-dessus, aux activités et aux risques associés au public cible, notamment :

- les gestionnaires des programmes nationaux ;

- les logisticiens/équipes/sous-traitants ;

- les voyagistes/le personnel/les équipes ;

- les scientifiques ;

- les touristes ;

- les organisateurs privés d'expéditions ;

- les opérateurs/le personnel/les équipes de navires de pêche ;

- le personnel chez les fournisseurs/vendeurs/dans les entrepôts ;

- les autres visiteurs.

Lignes directrices :

Lignes directrices générales pour les visiteurs de l'Antarctique

http://www.ats.aq/documents/recatt/Att483_f.pdf

Ressources:

Vidéo éducative sur le nettoyage (Projet « Aliens in Antarctica », 2010).

http://academic.sun.ac.za/cib/video/Aliens_cleaning_video%202010.wmv

Dépliant « Don't pack a pest » (États-Unis).

http://www.usap.gov/usapgov/travelAndDeployment/documents/PackaPest_brochure_Final.pdf

Dépliant « Stop à la contamination en Antarctique » (IAATO).

http://iaato.org/en_GB/dont-pack-a-pest

« Boot, clothing and equipment decontamination guidelines » (IAATO).

http://iaato.org/documents/10157/14310/Boot_Washing07.pdf/2527fa99-b3b9-4848-bf0b-b1b595ecd046

Dépliant « Know before you go » (ASOC).

http://www.asoc.org/storage/documents/tourism/ASOC_Know_Before_You_Go_tourist_pamphlet_2009_editionv2.pdf

Modules de formation pratique du COMNAP: Module 2 – espèces non indigènes (XXXVIIIe RCTA – IP 101)

http://www.ats.aq/documents/ATCM38/ip/ATCM38_ip101_e.doc

http://www.ats.aq/documents/ATCM38/att/ATCM38_att102_e.pdf

4. Inclure l'examen des espèces non indigènes dans les plans de gestion de ZSPA et ZGSA à venir, et dans la révision des plans de gestions actuels et à venir.

Lignes directrices :

Guide à la préparation des plans de gestion pour les Zones spécialement protégées de l'Antarctique (Résolution 2, 2011).

http://www.ats.aq/documents/ATCM34/att/ATCM34_att004_f.doc

5. Gérer les eaux de ballast conformément aux «Lignes directrices pratiques pour le renouvellement des eaux de ballast dans la zone du Traité sur l'Antarctique » (Résolution 3, 2006).

Lignes directrices :

Lignes directrices pratiques pour le renouvellement des eaux de ballast dans la zone du Traité sur l'Antarctique (Résolution 3, 2006).

http://www.ats.aq/documents/recatt/Att345_f.pdf

Surveillance

6. Enregistrer les introductions d'espèce non indigènes et inclure ces enregistrements dans la base de donnée sur la biodiversité gérée par le Centre australien pour les données antarctiques (« Biodiversity database: aliens species in the Antarctica or subAntarctic ») comme convenu par le CPE.

Base de données pour procéder à la saisie des enregistrements:

« Alien species database » (XXXIVᵉ RCTA – IP 68)

http://data.aad.gov.au/aadc/biodiversity/index_aliens.cfm

Ressources:

« Colonisation status of known non-native species in the Antarctic terrestrial environment: a review» (XXXVII ᵉ RCTA – IP 46)

http://www.ats.aq/documents/ATCM38/ip/ATCM38_IP046_e.doc

« Biological invasions in terrestrial Antarctica: what is the current status and how can we respond? » (XXXVIIIᵉ RCTA - IP 46 Attachment A)

http://www.ats.aq/documents/ATCM38/att/ATCM38_att090_e.pdf

Informations complémentaires (XXXVIIIᵉ RCTA - IP 46 Annexe B)

http://www.ats.aq/documents/ATCM38/att/ATCM38_att091_e.doc

« Monitoring biological invasion across the broader Antarctic: a baseline and indicator framework » (XXXVIIIᵉ RCTA – IP 93)

http://www.ats.aq/documents/ATCM38/ip/ATCM38_IP093_e.doc

Statut des introductions connues d'espèces non indigènes et leurs impacts (Portail des environnements)

https://www.environments.aq/information-summaries/status-of-known-non-native-species-introductions-and-impacts/

Réponse

Une espèce apparemment nouvelle en Antarctique peut être (i) un colon naturel récent (p.ex. : introduit par le vent ou par transport d'oiseau), (ii) une introduction humaine récente (p.ex. via des marchandises, des vêtements, ou des effets personnels) ou (iii) un habitant à long terme qui n'a pas été identifié auparavant par les scientifiques. Il est important de connaître l'histoire de la colonisation d'une nouvelle espèce, car cela influencera la manière de la gérer.

7. Développer ou utiliser des mesures d'évaluation afin d'aider à déterminer si une espèce nouvellement découverte est susceptible d'être arrivée au travers de voies de colonisation naturelles ou humaines.

8. Il convient de chercher des avis experts le plus rapidement possible lorsque des espèces non indigènes (y compris des maladies chez les espèces sauvages) sont détectées.

Lignes directrices:

Lignes directrices à l'adresse des visiteurs et des gestionnaires de l'environnement suite à la découverte d'une espèce non indigène suspecte dans l'environnement terrestre et d'eau douce en Antarctique (XXXIIIe RCTA - WP 15).

http://www.ats.aq/documents/ATCM33/att/ATCM33_att010_f.doc

http://www.ats.aq/documents/ATCM33/att/ATCM33_att011_f.doc

Ressource:

Le SCAR est bien placé pour aider à l'identification d'experts qui pourraient émettre des avis adéquats dans les délais impartis. Le SCAR a convenu d'identifier un groupe d'experts qui pourra être consulté dans le cas où une espèce non indigène suspecte est détectée. Si une espèce non indigène est détectée, le contact avec le groupe peut être facilité par l'intermédiaire du responsable du Comité permanent du SCAR sur le Système du Traité sur l'Antarctique (SCATS), qui coordonnera et recueillera la réponse des experts.

« Suggested framework and considerations for scientists attempting to determine the colonisation status of newly discovered terrestrial or freshwater species within the Antarctic Treaty Area » (XXXIIIe RCTA – IP 44).

http://www.ats.aq/documents/4TCM33/ip/ATCM33_ip044_e.doc

Annexe : Lignes directrices nécessitant davantage d'attention ou de développement

Outre les mesures, lignes directrices et ressources qui ont été développées (Section 3), les questions suivantes relatives aux espèces non indigènes ont été identifiées comme nécessitant davantage d'attention et le développement d'une politique. L'utilisation des lignes directrices existantes, des ressources et informations et le développement d'orientations plus détaillées de ces points pour les inclure dans le Manuel, sont encouragés.

No.	Lignes directrices nécessitant davantage d'attention ou de développement	Lignes directrices existantes, ressources et informations
1	Réduire la répartition des espèces indigènes de l'Antarctique entre les régions biogéographiques distinctes au sein du continent: • Identifier les régions présentant le plus haut risque d'introduction ; • identifier les activités, les vecteurs, et les voies qui posent un haut risque aux différentes régions biogéographiques ; • fournir des orientations quant à ce qui constitue une porte d'entrée entre les régions biogéographiques de l'Antarctique (selon le type d'organisme) ; • développer des mesures pratiques visant à traiter les risques associés au transport de personnel et d'équipement entre divers endroits de l'Antarctique ; • réaliser des études de référence.	Régions de conservation biogéographiques de l'Antarctique (RCBA) http://www.ats.aq/documents/recatt/Att500_f.pdf La carte du Portail des environnements de l'Antarctique montre l'étendue des régions de conservation biogéographiques de l'Antarctique et est disponible à l'adresse : https://environments.aq/map/ Connaissances actuelles pour réduire les risques posés par les espèces non indigènes terrestres: Vers une approche fondée sur les éléments de preuve (XXXIIIe RCTA - WP 06). http://www.ats.aq/documents/ATCM33/wp/ATCM33_wp006_f.doc « A framework for analysing and managing non-native species risks in Antarctica » (XXXIIe RCTA - IP 36). http://www.ats.aq/documents/ATCM32/ip/ATCM32_ip036_e.doc XXXIIIe RCTA - WP 14 (Royaume-Uni) 2010 - Transfert intra-régional d'espèces dans la partie terrestre de l'Antarctique. http://www.ats.aq/documents/ATCM33/wp/ATCM33_wp014_f.doc

No.	Lignes directrices nécessitant davantage d'attention ou de développement	Lignes directrices existantes, ressources et informations
2	Prévenir la diffusion des espèces non indigènes existantes dans d'autres sites de l'Antarctique : • Fournir des orientations, et développer des mesures pratiques de biosécurité, afin de réduire le transfert anthropique d'espèces non indigènes au sein de l'Antarctique ; • fournir des orientations sur la réduction du transfert naturel d'espèces non indigènes au sein de l'Antarctique.	Colonisation status of known non-native species in the Antarctic terrestrial environment: a review. « Attachment A: Biological invasions in terrestrial Antarctica: what is the current status and how can we respond? Attachment B: Supplementary information » (XXXVIIIe RCTA – IP 46) http://www.ats.aq/documents/ATCM38/ip/ATCM38_IP046_e.doc http://www.ats.aq/documents/ATCM38/att/ATCM38_att090_e.pdf http://www.ats.aq/documents/ATCM38/att/ATCM38_att091_e.doc
3	Identifier les espèces non indigènes potentielles qui présentent un grand danger pour les environnements de l'Antarctique : • Produire une liste, dotée de descriptions adaptées, d'espèces non indigènes potentielles, à partir de l'expérience des îles subantarctiques (ou autres environnements pertinents) et des caractéristiques biologiques et de l'adaptabilité des colons « efficaces ».	Connaissances actuelles pour réduire les risques posés par les espèces non indigènes terrestres: Vers une approche fondée sur les éléments de preuve. Annexe 1 – Protocole d'évaluation des risques pour les collemboles développé par Greenslade (2002: page 341) (XXXIIIe RCTA - WP 06) http://www.ats.aq/documents/ATCM33/wp/ATCM33_wp6_f.doc http://www.ats.aq/documents/ATCM33/att/ATCM33_att005_e.doc

No.	Lignes directrices nécessitant davantage d'attention ou de développement	Lignes directrices existantes, ressources et informations
4	Prévenir l'introduction des espèces non indigènes dans l'environnement marin antarctique : • Améliorer la compréhension des risques et voies d'introduction ; • entreprendre une évaluation des risques afin d'identifier les habitats marins pour lesquels un risque d'invasion existe ; • développer des lignes directrices spécifiques.	
5	Réduire le risque lié aux espèces non indigènes (y compris les micro-organismes) associé à l'évacuation des eaux usées, notamment le risque de maladie pour les espèces sauvages locales (cf. section sur les maladies, ci-après) : • Améliorer la compréhension des risques et voies d'introduction ; • développer des lignes directrices spécifiques afin de réduire la dissémination des espèces non indigènes lors de l'évacuation des eaux usées.	Nouveaux enregistrements de la présence de micro-organismes associés aux humains dans l'environnement marin en Antarctique (XXXVe RCTA – WP 55) http://www.ats.aq/documents/ATCM35/wp/ATCM35_wp055_f.doc Discharge of sewage and grey water from vessels in Antarctic Treaty waters (XXXVIe RCTA – IP 66) http://www.ats.aq/documents/ATCM36/ip/ATCM36_ip066_e.doc « Assessment of environmental impacts arising from sewage discharge at Davis Station » (XXXVe RCTA – BP10) http://www.ats.aq/documents/ATCM35/bp/ATCM35_bp010_e.doc « Reducing sewage pollution in the Antarctic marine environment using a sewage treatment plant » (XXVIIIe RCTA – IP37)

No.	Lignes directrices nécessitant davantage d'attention ou de développement	Lignes directrices existantes, ressources et informations
		http://www.ats.aq/documents/ATCM28/ip/ATCM28_ip037_e.doc
		« Wastewater treatment in Antarctica: challenges and process improvements » (XXIXᵉ RCTA – IP60)
		http://www.ats.aq/documents/ATCM29/ip/ATCM29_ip060_e.doc
6	Limiter les introductions ou la diffusion de micro-organismes pouvant avoir un impact sur les communautés microbiennes existantes dans l'environnement antarctique: • Améliorer la compréhension des risques et voies d'introduction ; • développer des lignes directrices plus spécifiques afin de prévenir l'introduction et/ou la répartition des micro-organismes dans l'environnement antarctique.	Empreinte humaine dans l'Antarctique et conservation à long terme des habitats microbiens terrestres (XXXVIᵉ RCTA - WP 39) http://www.ats.aq/documents/ATCM36/wp/ATCM36_wp039_f.doc « SCAR's code of conduct for the exploration and research of subglacial aquatic environments » (XXXIVᵉ RCTA- IP 33) http://www.ats.aq/documents/ATCM34/ip/ATCM34_ip033_e.doc

No.	Lignes directrices nécessitant davantage d'attention ou de développement	Lignes directrices existantes, ressources et informations
7	Surveiller les espèces non indigènes dans les environnements marin et terrestre de l'Antarctique : • Développer des lignes directrices de surveillance généralement applicables. Il est possible qu'une surveillance approfondie spécifique à certains sites soit requise à certains endroits ; • mettre en œuvre une surveillance marine et terrestre conformément au développement d'un cadre de surveillance ; • déterminer qui va entreprendre cette surveillance et à quelle fréquence ; • un rapport d'état d'avancement relatif à la surveillance établie devra être soumis régulièrement au CPE.	« Summary of environmental monitoring and reporting discussions » (XXXIᵉ RCTA – IP 07) http://www.ats.aq/documents/ATCM31/ip/ATCM31_ip007_e.doc

No.	Lignes directrices nécessitant davantage d'attention ou de développement	Lignes directrices existantes, ressources et informations
8	Déterminer quelles espèces indigènes sont présentes sur les sites antarctiques afin de contribuer à l'identification de l'échelle et de l'étendue des introductions actuelles et à venir (étant donné qu'il n'est pas faisable de mener des études partout, priorité sera donnée aux sites connaissant une forte activité humaine - comme les stations, les sites scientifiques de terrain les plus visités et les sites de visiteurs -, ayant une grande valeur et/ou une grande sensibilité) : • Compiler les données existantes relatives à la biodiversité (notamment issue des écosystèmes terrestre, aquatique et marin) ; • développer des lignes directrices sur la conduite d'études de référence relatives à la biodiversité.	« Final report on the research project 'The impact of human activities on soil organisms of the maritime Antarctic and the introduction of non-native species in Antarctica' » (XXXVIe RCTA – IP 55) http://www.ats.aq/documents/ATCM36/ip/ATCM36_ip055_e.doc http://www.umweltbundesamt.de/uba-info-medien/4416.html

No.	Lignes directrices nécessitant davantage d'attention ou de développement	Lignes directrices existantes, ressources et informations
9	Réagir rapidement à l'introduction d'espèces non indigènes : • Développer des lignes directrices relatives à l'intervention rapide, qui comprennent des informations sur l'éradication pratique ou le confinement/contrôle des plantes, des invertébrés et d'autres groupes biologiques.	« Eradication of a vascular plant species recently introduced to Whalers Bay, Deception Island » (Royaume-Uni, Espagne, 2010) http://www.ats.aq/documents/ATCM33/ip/ATCM33_ip043_e.doc « The successful eradication of *Poa pratensis* from Cierva Point, Danco Coast, Antarctic Peninsula » (Argentine, Espagne et Royaume-Uni, 2015) http://www.ats.aq/documents/ATCM38/ip/ATCM38_ip029_c.doc « Eradication of a non-native grass *Poa annua* L. from ASPA No 128 Western Shore of Admiralty Bay, King George Island, South Shetland Islands » (Pologne, 2015) http://www.ats.aq/documents/ATCM38/ip/ATCM38_ip078_e.doc

No.	Lignes directrices nécessitant davantage d'attention ou de développement	Lignes directrices existantes, ressources et informations
10	Prendre des mesures afin de réduire les risques liés à l'introduction de plantes et d'animaux pathogènes en Antarctique et leur dissémination ultérieure dans la région du fait de l'activité humaine: • Développer des orientations, ou adopter officiellement des orientations existantes, relatives à la lutte contre les maladies ; • instaurer des mesures préventives visant à diminuer les risques d'introduction de maladies chez les espèces sauvages de l'Antarctique, par exemple des orientations spécifiques en matière de gestion des déchets générés sur le terrain et à la station, afin de réduire au maximum l'introduction des espèces non indigènes ; • développer des mesures spécifiques en matière de nettoyage, qui pourraient se révéler nécessaires s'il existe une raison de penser que des personnes, des vêtements, des équipements ou des véhicules ont été	Rapport du groupe ouvert intersession de contacts sur les maladies des espèces sauvages en Antarctique. Rapport 2 - mesures pratiques pour diminuer les risques (Avant-projet) (Australie, 2001) http://www.ats.aq/documents/ATCM24/wp/ATCM24_wp011_f.pdf Étude visant à déterminer la présence d'espèces non indigènes introduites en Antarctique par des voies naturelles (Argentine, 2015) http://www.ats.aq/documents/ATCM38/wp/ATCM38_wp046_f.doc « Health of Antarctic Wildlife: A challenge for science and policy » (Kerry et Riddle, 2009). Bien que des épisodes inhabituels de mortalité animale puissent se produire pour différentes raisons, la maladie constitue une cause probable. Dès lors, les ressources suivantes peuvent se révéler utiles : Plan de réponse aux épisodes de mortalité à grande échelle des animaux (British Antarctic Survey). Disponible sur le site de BAS. https://www.bas.ac.uk/ Plan de réponse à un taux de mortalité inhabituel (Australie),

No.	Lignes directrices nécessitant davantage d'attention ou de développement	Lignes directrices existantes, ressources et informations
	en contact avec des animaux malades, des agents pathogènes, ou se sont trouvés dans une zone connue pour ses risques de maladie.	auquel il est fait référence dans le document : http://www.ats.aq/documents/ATCM27/ip/ATCM27_ip071_e.doc « Procedures for reporting a high mortality event » (IAATO). Disponible auprès de l'IAATO. http://iaato.org/ http://www.ats.aq/documents/ATCM39/ip/ATCM39_ip119_e.doc

Références et documentation

Note: Le Portail des environnements (www.environments.aq) est une source d'informations revues par les pairs relatives à l'environnement antarctique, qui contient des résumés par sujets sur les espèces non indigènes (p. ex. Newman et al., 2014 ; Hughes et Frenot, 2015).

XXIIe RCTA - IP 04 (Australie) 1998 - Introduction of diseases to Antarctic wildlife: Proposed workshop.

XXIIIe RCTA - WP 32 (Australie) 1999 - Rapport à la XXIIIe Réunion consultative du Traité sur l'Antarctique sur les résultats de l'atelier consacré aux maladies de la faune et de la flore de l'Antarctique

XXIVe RCTA - WP 10 (Australie) 2001 - Compte-rendu du groupe ouvert intersession de contacts sur les maladies de la faune antarctique. Rapport 1 - Examen et évaluation de risques.

XXIVe RCTA - WP 11 (Australie) 2001 - Compte-rendu du groupe ouvert intersession de contacts sur les maladies de la faune antarctique. Rapport 2 - mesures pratiques pour diminuer les risques (Avant-projet).

XXVe RCTA - IP 62 (Australie) 2002 - Draft response plan in the event that unusual animal deaths are discovered.

XXVIIe RCTA - IP 71 (Australie) 2004 - Australia's Antarctic quarantine practices.

XXVIIIe RCTA - WP 28 (Australie) 2005 - Mesures à prendre pour combattre l'introduction et la propagation involontaires de biotes non indigènes et de maladies dans la zone du Traité sur l'Antarctique

XXVIIIe RCTA - IP 37 (Royaume-Uni) 2005 - Reducing sewage pollution in the Antarctic marine environment using a sewage treatment plant.

XXVIIIe RCTA - IP 97 (IAATO) 2005 - Update on boot and clothing decontamination guidelines and the introduction and detection of diseases in Antarctic wildlife: IAATO's perspective.

XXIXe RCTA - WP 05 Rév. 1 (Royaume-Uni) 2006 - Lignes directrices pratiques pour le renouvellement des eaux de ballast dans la zone du Traité sur l'Antarctique

XXIXe RCTA - IP 44 (Australie) 2006 - Principles underpinning Australia's approach to Antarctic quarantine management

XXIXe RCTA - IP 60 (États-Unis) 2006 - Wastewater treatment in Antarctica: challenges and process improvements

XXXe RCTA - IP 49 (Australie, SCAR) 2007 - Aliens in Antarctica

XXXIe RCTA - WP 16 (Australie) - Base de données sur les espèces exotiques de l'Antarctique

XXXIe RCTA - IP 07 (Australie) 2008 - Summary of environmental monitoring and reporting discussions

XXXIe RCTA - IP 17 (Australie, Chine, Fédération de Russie, Inde, Roumanie) 2008 - Measures to protect the Larsemann Hills, East Antarctica, from the introduction of non-native species

XXXIe RCTA - IP 98 (COMNAP) - Survey on existing procedures concerning introduction of non native species in Antarctica

XXXIIe RCTA - WP 05 (Australie, France, Nouvelle-Zélande) 2009 - Un programme de travail pour l'action du CPE relative aux espèces non indigènes

XXXIIe RCTA - WP 23 (Afrique du Sud) 2009 - Transport de propagules associé aux opérations logistiques: Évaluation sud-africaine d'une question régionale

XXXIIe RCTA - WP 32 (Royaume-Uni) 2009 - Procédures de nettoyage des véhicules pour éviter le transfert d'espèces non indigènes dans et autour de l'Antarctique

XXXIIe RCTA - WP 33 (Royaume-Uni) 2009 - Examen des dispositions relatives à l'introduction d'espèces non indigènes dans les plans de gestion des ZSPA et ZGSA

XXXIIe RCTA - IP 04 (SCAR) 2009 - SCAR's environmental code of conduct for terrestrial scientific field research in Antarctica

XXXIIe RCTA - IP 12 (Royaume-Uni) 2009 - ASPA and ASMA management plans: review of provisions relating to non-native species introductions

XXXIIe RCTA - SP 11 (STA) 2009 - Résumé des débats du CPE sur la question des espèces non indigènes en Antarctique

XXXIIIe RCTA - WP 04 (SCAR) 2010 - Résultats préliminaires du programme de l'Année polaire internationale 'Aliens in Antarctica'

XXXIIIe RCTA - WP 06 (SCAR, Australie) 2010 - Connaissances actuelles pour réduire les risques posés par les espèces non indigènes terrestres: Vers une approche fondée sur les éléments de preuve

XXXIIIe RCTA - WP 08 (Royaume-Uni) 2010 - Procédures de nettoyage des véhicules pour éviter le transfert d'espèces non indigènes dans et autour de l'Antarctique

XXXIIIe RCTA - WP 09 (France) 2010 - Groupe de contact intersessions à composition non limitée sur les "Espèces non indigènes" – Rapport 2009-2010

ATCM XXXIII - WP 14 (United Kingdom) 2010 - Intra-regional transfer of species in terrestrial Antarctica.

XXXIIIᵉ RCTA - WP 15 (Royaume-Uni) 2010 - Lignes directrices à l'adresse des visiteurs et des gestionnaires de l'environnement suite à la découverte d'une espèce non indigène suspecte dans l'environnement terrestre et d'eau douce en Antarctique

XXXIIIᵉ RCTA - IP 43 (Royaume-Uni, Espagne) 2010 - Eradication of a vascular plant species recently introduced to Whaler's Bay, Deception Island

XXXIIIᵉ RCTA - IP 44 (Royaume-Uni) 2010 - Suggested framework and considerations for scientists attempting to determine the colonisation status of newly discovered terrestrial or freshwater species within the Antarctic Treaty Area

XXXIVᵉ RCTA - WP 12 (COMNAP et SCAR) 2011 - Accroître la sensibilisation sur l'introduction des espèces non indigènes : Résultats de l'atelier et listes de vérification pour les gestionnaires de la chaîne d'approvisionnement

XXXIVᵉ RCTA - WP 34 (Nouvelle-Zélande) 2011 - Rapport 2010-2011 du Groupe de contact intersessions sur les espèces exotiques.

XXXIVᵉ RCTA - WP 53 (SCAR) 2011 - Mesures pour réduire le risque d'introduction d'espèces non indigènes dans la région de l'Antarctique par les aliments frais.

XXXIVᵉ RCTA - IP 26 (Allemagne) 2011 - Progress report on the research project "The role of human activities in the introduction of non-native species into Antarctica and in the distribution of organisms within the Antarctic"

XXXIVᵉ RCTA - IP 32 (France) 2011 - Report on the IPY Oslo Science Conference session on non-native species

XXXIVᵉ RCTA - IP 50 (Royaume-Uni et Uruguay) 2011 - Colonisation status of known non-native species in the Antarctic terrestrial environment (update 2011)

XXXIVᵉ RCTA - IP 68 (Australie et SCAR) 2011 - Alien species database.

XXXVᵉ RCTA - WP 05 (SCAR) 2012 - Résultats du programme de l'Année polaire internationale : 'Aliens in Antarctica'

XXXVᵉ RCTA - WP 06 (SCAR) 2012 - Réduction du risque d'introduction involontaire d'espèces non-indigènes associée à l'importation de fruits et légumes frais en Antarctique

XXXVᵉ RCTA - WP 25 rév. 1 (Australie et France) 2012 - Directives pour réduire au minimum les risques liés aux espèces non indigènes et aux maladies dans les installations hydroponiques antarctiques.

XXXVᵉ RCTA - WP 55 (Chili) 2012 - Nouveaux enregistrements de la présence de micro-organismes humain-associés dans l'environnement marin en Antarctique

XXXVᵉ RCTA - IP 13 (Espagne, Argentine, et Royaume-Uni) 2012 - Colonisation status of the non-native grass *Poa pratensis* at Cierva Point, Danco Coast, Antarctic Peninsula.

XXXVᵉ RCTA - IP 29 (Royaume-Uni) 2012 - Colonisation status of known non-native species in the Antarctic terrestrial environment (update 2012).

XXXVᵉ RCTA - BP 01 (SCAR) 2012 – Continent-wide risk assessment for the establishment of nonindigenous species in Antarctica.

XXXVᵉ RCTA - BP 10 (Australie) 2012 - Assessment of environmental impacts arising from sewage discharge at Davis Station.

XXXVIᵉ RCTA - WP 19 (Allemagne) 2013 - Rapport sur le projet de recherche intitulé « Impact des activités humaines sur les organismes du sol de la zone maritime de l'Antarctique et introduction d'espèces non indigènes en Antarctique ».

XXXVIᵉ RCTA - WP 39 (Belgique, SCAR, Afrique du Sud, et Royaume-Uni) 2013 - Empreinte humaine dans l'Antarctique et conservation à long terme des habitats microbiens terrestres.

XXXVIᵉ RCTA - IP 28 (Royaume-Uni) 2013 - Colonisation status of known non-native species in the Antarctic terrestrial environment (update 2013).

XXXVIᵉ RCTA - IP 35 (Argentine, Espagne, et Royaume-Uni) 2013 -The non-native grass *Poa pratensis* at Cierva Point, Danco Coast, Antarctic Peninsula – on-going investigations and future eradication plans.

XXXVIᵉ RCTA - IP 55 (Allemagne) 2013 - Final report on the research project "The impact of human activities on soil organisms of the maritime Antarctic and the introduction of non-native species in Antarctica".

XXXVIᵉ RCTA - IP 66 (ASOC) 2013 - Discharge of sewage and grey water from vessels in Antarctic Treaty waters.

XXXVIIᵉ RCTA - WP 04 (Allemagne) 2014 - Rapport sur la discussion informelle concernant le tourisme et le risque lié à l'introduction d'organismes non indigènes

XXXVIIᵉ RCTA - IP 23 (Royaume-Uni) 2014 - Colonisation status of known non-native species in the Antarctic terrestrial environment (update 2014).

XXXVIIᵉ RCTA - IP 83 (Argentine) 2014 - Record of two species of non-native birds at 25 de Mayo Island, South Shetland Islands.

XXXVIIIe RCTA - WP 37 (Norvège et Royaume-Uni) 2015 - Rapport du GCI sur le changement climatique

XXXVIIIe RCTA - WP 46 (Argentine) 2015 - Étude pour déterminer la présence d'espèces non indigènes introduites en Antarctique par des voies naturelles

XXXVIIIe RCTA - IP 29 (Argentine, Espagne et Royaume-Uni) 2015 - The successful eradication of *Poa pratensis* from Cierva Point, Danco Coast, Antarctic Peninsula.

XXXVIIIe RCTA - IP 46 (Royaume-Uni, Chili et Espagne) 2015 - Colonisation status of known non-native species in the Antarctic terrestrial environment: a review. Attachment A: Biological invasions in terrestrial Antarctica: what is the current status and how can we respond? Attachment B: Supplementary information.

XXXVIIIe RCTA IP 78 (Pologne) 2015 - Eradication of a non-native grass *Poa annua* L. from ASPA No 128 Western Shore of Admiralty Bay, King George Island, South Shetland Islands.

XXXVIIIe RCTA - IP 93 (SCAR) - Monitoring biological invasion across the broader Antarctic: a baseline and indicator framework.

XXXVIIIe RCTA - IP 101 (COMNAP) 2015 - COMNAP practical training modules: Module 2 – Non-native Species.

Augustyniuk-Kram, A., Chwedorzewska, K.J., Korczak-Abshire, M., Olech, M., Lityńska–Zając, M. 2013 - An analysis of fungal propagules transported to the *Henryk Arctowski* Station. Pol. Polar Res. 34, 269-278.

Chown, S.L., Convey, P. 2007 - Spatial and temporal variability across life's hierarchies in the terrestrial Antarctic. Phil. Trans. R. Soc. 362, 2307-2331.

Chown, S.L., Lee, J.E., Hughes, K.A., Barnes, J., Barrett, P.J., Bergstrom, D.M., Convey, P., Cowan, D.A., Crosbie, K., Dyer, G., Frenot, Y., Grant, S.M., Herr, D., Kennicutt, M.C., Lamers, M., Murray, A., Possingham, H.P., Reid, K., Riddle, M.J., Ryan, P.G., Sanson, L., Shaw, J.D., Sparrow, M.D., Summerhayes, C., Terauds, A., Wall, D.H. 2012 - Challenges to the future conservation of the Antarctic. Science, 337, 158-159.

Chown, S.L., Huiskes, A.H.L., Gremmen, N.J.M., Lee, J.E, Terauds, A., Crosbie, K., Frenot, Y., Hughes, K.A., Imura, S., Kiefer, K., Lebouvier, M., Raymond, B., Tsujimotoi, M., Ware, C., Van de Vijver, B., Bergstrom, D.M. 2012 - Continent-wide risk assessment for the establishment of nonindigenous species in Antarctica. Proc. Nat. Acad. Sci. USA, 109, 4938-4943.

Chwedorzewska, K J., Korczak, M. 2010 - Human impact upon the environment in the vicinity of Arctowski Station, King George Island, Antarctica. Pol. Polar Biology, 31, 45-60.

Chwedorzewska, K.J., Bednarek P.T. 2012. - Genetic and epigenetic variation in a cosmopolitan grass *Poa annua* from Antarctic and Polish populations. Pol. Polar Res., 33, 63-80.

COMNAP, SCAR. 2010 - Checklists for supply chain managers of National Antarctic Programmes for the reduction 'n risk of transfer of non-native species. Disponible ici : https://www.comnap.aq/Shared%20Documents/nnschecklists.pdf

Convey, P. 2011 - Antarctic terrestrial biodiversity in a changing world. Polar Biol., 34, 1629-1641.

Convey, P., Frenot, Y., Gremmen, N. & Bergstrom, D.M. 2006 - Biological Invasions. In Convey P., Huiskes A. & Bergstrom D.M. (eds) Trends in Antarctic Terrestrial and Limnetic Ecosystems. Springer, Dordrecht pp. 193-220.

Convey, P., Hughes, K. A., Tin, T. 2012 - Continental governance and environmental management mechanisms under the Antarctic Treaty System: sufficient for the biodiversity challenges of this century? Biodiversity. 13, 1–15.

Cowan, D.A., Chown, S. L., Convey, P., Tuffin, M., Hughes, K.A., Pointing, S., Vincent, W.F. 2011 - Non-indigenous microorganisms in the Antarctic - assessing the risks. Trends Microbiol., 19, 540-548.

Cuba-Díaz, M., Troncoso, J. M., Cordero, C., Finot, V.L., Rondanelli-Reyes, M. 2012 - *Juncus bufonius* L., a new alien vascular plant in King George Island, South Shetland Archipelago. Antarct. Sci., 25, 385–386.

Curry, C. H., McCarthy, J.S., Darragh, H.M., Wake, R.A., Todhunter, R., Terris, J. 2002. Could tourist boots act as vectors for disease transmission in Antarctica? J. Travel Med., 9, 190-193.

Dartnall, H.J.G. 2005 – Are Antarctic planktonic rotifers anthropogenic introductions? Quekett J. Microscopy, 40, 137-143.

De Poorter, M., Gilbert, N., Storey, B., Rogan-Finnemore, M. 2006 Final Report of the Workshop on "Non-native Species in the Antarctic", Christchurch, New Zealand, 10-12 April 2006.

Everatt, M.J., Worland, M.R., Bale, J.S., Convey, P., Hayward, S.A. 2012 - Pre-adapted to the maritime Antarctic? - Rapid cold hardening of the midge, *Eretmoptera murphyi*. J. Insect Physiol., 58, 1104-1111.

Falk-Petersen, J., Bohn, T., Sandlund, O.T. 2006. On the numerous concepts in invasion biology. Biological Invasions, 8, 1409-1424.

Frenot, Y., Chown S.L., Whinam, J., Selkirk P.M., Convey, P, Skotnicki, M., Bergstrom D.M. 2005 - Biological invasions in the Antarctic: extent, impacts and implications. Biological Rev., 80, 45-72.

Gielwanowska, I., Kellmann-Sopyla, W. 2015 – Generative reproduction of Antarctic grasses, the native species *Deschampsia antarctica* Desv. and the alien species *Poa annua*. Polish Polar Res. 36, 261-279.

Greenslade, P., Potapov, M., Russell, D., Convey, P. 2012 - Global Collembola on Deception Island. J. Insect Sci., 12, 111.

Headland, R. K. 2012 - History of exotic terrestrial mammals in Antarctic regions. Polar Rec., 48, 123-144.

Houghton, M., McQuillan, P.B., Bergstrom, D.M., Frost, L., Van Den Hoff, J., and Shaw, J. 2014 - Pathways of alien invertebrate transfer to the Antarctic region. Polar Biol., 39, 23-33.

Hughes, K.A., Convey, P. 2010 - The protection of Antarctic terrestrial ecosystems from inter- and intra-continental transfer of non-indigenous species by human activities: a review of current systems and practices. Global Environmental Change, 20, 96-112. DOI:10.1016/j. gloenvcha.2009.09.005.

Hughes, K.A., Worland, M.R. 2010 - Spatial distribution, habitat preference and colonisation status of two alien terrestrial invertebrate species in Antarctica. Antarct. Sci., 22, 221-231.

Hughes, K.A., Convey, P. 2012 - Determining the native/non-native status of newly discovered terrestrial and freshwater species in Antarctica - current knowledge, methodology and management action. J. Environ. Man., 93, 52-66.

Hughes, K.A., Convey, P. 2014 - Alien invasions in Antarctica – is anyone liable? Polar Res., 33, 22103. http://dx.doi.org/10.3402/polar.v33.22103

Hughes, K.A., Frenot, Y. 2015 - Status of known non-native species introductions and impacts. Antarctic Environments Portal Information Summary Version 1.0. https://environments.aq/information-summaries/status-of-known-non-native-species-introductions-and-impacts/

Hughes, K.A., Ashton, G.V. 2016 – Breaking the ice: the introduction of biofouling organisms to Antarctica on vessel hulls. Aquat. Conserv. DOI: 10.1002/aqc.2625.

Hughes, K.A., Walsh, S., Convey, P., Richard, S., Bergstrom, D. 2005 – Alien fly populations established at two Antarctic research stations. Polar Biol., 28, 568-570.

Hughes, K.A., Convey, P., Maslen, N.R., Smith, R.I.L. 2010 - Accidental transfer of non-native soil organisms into Antarctica on construction vehicles. Biological Invasions, 12, 875-891. DOI:10.1007/s10530-009-9508-2.

Hughes, K.A., Lee, J.E., Ware, C., Kiefer, K., Bergstrom, D.M. 2010 - Impact of anthropogenic transportation to Antarctica on alien seed viability. Polar Biol., 33, 1123-1130.

Hughes, K.A., Lee, J.E., Tsujimoto, M., Imura, S., Bergstrom, D.M., Ware, C., Lebouvier, M., Huiskes, A.H.L., Gremmen, N.J.M., Frenot, Y., Bridge P.D., Chown, S. L. 2011 - Food for thought: risks of non-native species transfer to the Antarctic region with fresh produce. Biological Conservation, 144, 1682–1689.

Hughes, K.A., Fretwell, P., Rae, J. Holmes, K., Fleming, A. 2011 - Untouched Antarctica: mapping a finite and diminishing environmental resource. Antarct. Sci., 23, 537-548.

Hughes, K.A., Worland, M.R., Thorne, M., Convey, P. 2013 - The non-native chironomid *Eretmoptera murphyi* in Antarctica: erosion of the barriers to invasion. Biological Invasions, 15, 269-281.

Hughes, K.A., Huiskes, A.H.L, Convey, P. 2014 - Global movement and homogenisation of biota: challenges to the environmental management of Antarctica? In T. Tin, D. Liggett, P. Maher, and M. Lamers (eds). The Future of Antarctica: Human impacts, strategic planning and values for conservation. Springer, Dordrecht. DOI: 10.1007/978-94-007-6582-5_5

Hughes, K.A., Cowan, D.A., and Wilmotte, A. 2015 - Protection of Antarctic microbial communities – 'Out of sight, out of mind'. Front. Microbiol. DOI: 10.3389/fmicb.2015.00151

Hughes, K.A., Pertierra, L.R., Molina-Montenegro, M., Convey, P. 2015. Biological invasions in Antarctica: what it the current status and can we respond? Biodivers. Conserv., 24, 1031-1055.

Huiskes, A.H.L., Gremmen, N.J.M., Bergstrom, D.M., Frenot, Y., Hughes, K.A., Imura, S., Kiefer, K., Lebouvier, M., Lee, J.E., Tsujimoto, M., Ware, C., Van de Vijver, B., Chown, S.L. 2014 - Aliens in Antarctica: Assessing transfer of plant propagules by human visitors to reduce invasion risk. Biol. Conserv., 171, 278-284.

Kerry, K.R., Riddle, M. (Eds.) 2009 - Health of Antarctic Wildlife: A Challenge for Science and Policy, Springer Verlag, ISBN-13: 9783540939221.

Lee, J.E., Chown, S.L. 2009 – *Mytilus* on the move: transport of an invasive bivalve to the Antarctic. Mar. Ecol. Prog. Ser., 339, 307-310.

Lee, J.E., Chown, S.L. 2009 – Breaching the dispersal barrier to invasion: quantification and management. Ecol. Appl., 19, 1944-1959.

Lee, J.E., Chown, S.L. 2009 – Temporal development of hull-fouling assemblages associated with an Antarctic supply vessel. Mar. Ecol. Prog. Ser., 396, 97-105.

41

Lee, J.E., Chown, S.L. 2011 - Quantification of intra-regional propagule movements in the Antarctic. Antarct. Sci., 23, 337-342.

Lewis, P.N., Bergstrom, D.M., Whinam, J. 2006 – Barging in: A temperate marine community travels to the subantarctic. Biol. Invasions, 8, 787-795.

Lewis, P.N., Hewitt, C.L., Riddle, M., McMinn, A. 2003. Marine introductions in the Southern Ocean: an unrecognised hazard to biodiversity. Mar. Pollut. Bull., 46, 213-223.

Litynska-Zajac, M., Chwedorzewska, K., Olech, M., Korczak-Abshire, M., Augustyniuk-Kram, A. 2012 - Diaspores and phyto-remains accidentally transported to the Antarctic Station during three expeditions. Biodivers. Conserv., 21, 3411-3421.

McGeoch, M.A., Shaw, J.D., Terauds, A., Lee, J.E., Chown, S.L. 2015 - Monitoring biological invasion across the broader Antarctic: A baseline and indicator framework. Glob. Environ. Change. DOI: 10.1016/j.gloenvcha.2014.12.012

Molina-Montenegro, M., Carrasco-Urra, F., Rodrigo, C., Convey, P., Valladares, F., Gianoli, E. 2012 - Occurrence of the non-native annual bluegrass (Poa annua) on the Antarctic mainland and its negative effects on native plants. Conserv. Biol., 26, 717-723.

Molina-Montenegro, M., Carrasco-Urra, F., Acuna-Rodriquez, I., Oses, R., Torres-Díaz, C., Chwedorzewska, K.J. 2014 - Assessing the importance of human activities for the establishment of the invasive Poa annua in Antarctica. Polar Res., 33, 21425. http://dx.doi.org/10.3402/polar.v33.21425

Molina-Montenegro, M.A., Pertierra, L.R., Razeto-Barry, P., Díaz, J., Finot, V.L., Torres-Díaz, C. 2015 - A recolonization record of the invasive Poa annua in Paradise Bay, Antarctic Peninsula: modeling of the potential spreading risk. Polar Biol., 38, 1091-1096. DOI: 10.1007/s00300-015-1668-1

Newman, J., Coetzee, B.W.T., Chown, S.L., Terauds, A., McIvor, E. 2014 - The introduction of non-native species to the Antarctic. Antarctic Environments Portal Information Summary Version 1.0. http://environments.aq/information-summaries/the-introduction-of-non-native-species-to-antarctica/

Nielsen, U.N., Wall, D.H. 2013 - The future of soil invertebrate communities in polar regions: different climate change responses in the Arctic and Antarctic? Ecol. Lett., 16, 409-419.

Olech, M., Chwedorzewska, K.J. 2011 - The first appearance and establishment of an alien vascular plant in natural habitats on the forefield of a retreating glacier in Antarctica. Antarct. Sci., 23, 153-154.

Osyczka, P. 2010 - Alien lichens unintentionally transported to the "Arctowski" station (South Shetlands, Antarctica). Polar Biol., 33, 1067-1073.

Osyczka, P., Mleczko, P., Karasinski, D., Chlebicki, A. 2012 - Timber transported to Antarctica: a potential and undesirable carrier for alien fungi and insects. Biol. Invasions, 14, 15-20.

Pearce, D.A., Hughes, K.A., Lachlan-Cope, T., Harangozo, S.A., Jones, A.E. 2010 - Biodiversity of air-borne microorganisms at Halley station, Antarctica. Extremophiles, 14, 145-159.

Pertierra, L.R., Lara, F., Benayas, J., Hughes, K.A. 2013. *Poa pratensis* L., current status of the longest-established non-native vascular plant in the Antarctic. Polar Biol., 36, 1473-1481.

Potter, S. 2006 - The Quarantine Management of Australia's Antarctic Program. Australasian. J. Environ. Man., 13, 185-195.

Potter, S. 2009 - Protecting Antarctica from Non-Native Species: The Imperatives and the Impediments. In G. Alfredsson and T. Koivurova (eds), D. Leary sp. ed. The Yearbook of Polar Law, vol. 1, pp. 383-400.

Ranjith, L., Shukla, S.P., Vennila, A., Gashaw, T.D. 2012 - Bioinvasion in Antarctic Ecosystems. Proc. Nat. Acad. Sci. India Sect. B – Biol. Sci., 82, 353-359.

Reisinger, R. R., McIntyre, T., Bester, M. N. 2010 - Goose barnacles hitchhike on satellite-tracked southern elephant seals. Polar Biol., 33, 561-564.

Russell, D.J., Hohberg, K., Otte, V., Christian, A., Potapov, M., Brückner, A., McInnes, S.J. 2013 - The impact of human activities on soil organisms of the maritime Antarctic and the introduction of non-native species in Antarctica. Federal Environment Agency (Umweltbundesamt). http://www.uba.de/uba-info-medien-e/4416.html

Russell, D. J., Hohberg, K., Potapov, M., Brückner, A., Otte, V., Christian, A. 2014 - Native terrestrial invertebrate fauna from the northern Antarctic Peninsula: new records, state of current knowlecge and ecological preferences – Summary of a German federal study. Soil Org., 86, 1-58.

SATCM XII - WP 6 (Australia) 2000 - Diseases of Antarctic Wildlife.

Smith, R.I.L. 1996 - Introduced plants in Antarctica: potential impacts and conservations issues. Biol. Conserv., 76, 135-146.

Smith, R.I.L., Richardson, M. 2011 - Fuegian plants in Antarctica: natural or anthropogenically assisted immigrants? Biol. Invasions, 13, 1-5.

Tavares, M., De Melo, G.A.S. 2004 – Discovery of the first known benthic invasive species in the Southern Ocean: the North Atlantic spider crab Hyas araneus found in the Antarctic Peninsula. Antarct. Sci., 16, 129-131.

Terauds, A., Chown, S.L., Morgan, F., Peat, H.J., Watts, D.J., Keys, H., Convey, P., Bergstrom, D.M. 2012 - Conservation biogeography of the Antarctic. Divers. Distrib., 18, 726-741.

Tin, T., Fleming, Z.L., Hughes, K.A., Ainley, D.G., Convey, P., Moreno, C.A., Pfeiffer, S., Scott, J., Snape, I. 2009 - Impacts of local human activities on the Antarctic environment. Antarct. Sci., 21, 3-33.

Tsujimoto, M., Imura, S. 2012 - Does a new transportation system increase the risk of importing non-native species to Antarctica? Antarct. Sci., 24, 441-449.

Tsujimoto, M., Imura, S. 2013 - Biosecurity measures being implemented at Australian Antarctic Division against non-native species introduction into Antarctica. Antarct. Rec., 57, 137-150.

Walther, G.-R., Roques, A., Hulme, P.E., Sykes, M.T., Pysek, P., Kühn, I., Zobel, M. 2009. Alien species in a warmer world: risks and opportunities. Trends Ecol. Evol., 24, 686-693. DOI:10.1016/j.tree.2009.06.008.

Whinam, J., Chilcott, N., Bergstrom, D.M. 2005 – Subantarctic hitchhikers: expeditioners as vectors for the introduction of alien organisms. Biol. Conserv., 21, 207-219.

Whinam, J. 2009 - Aliens in the Sub-Antarctic - Biosecurity and climate change. Papers and Proceedings of the Royal Society of Tasmania, 143, 45-52.

Wódkiewicz, M., Galera, H., Chwedorzewska, K.J., Gielwanowska, I., Olech, M. 2013 - Diaspores of the introduced species *Poa annua* L. in soil samples from King George Island (South Shetlands, Antarctica). Arct. Antarct. Alp. Res. 45: 415-419.

Wodkiewicz, M, Ziemianski, M., Kwiecien, K., Chwedorzewska, K.J., Galera, H. 2014 - Spatial structure of the soil seed bank of *Poa annua* L.- alien species in the Antarctic. Biodivers. Conserv., 23, 1339-1346.

Volonterio, O., de León, R.P., Convey, P., Krzeminska, E. 2013 - First record of Trichoceridae (Diptera) in the maritime Antarctic. Polar Biol., 36, 1125-1131.

Secrétariat du Traité sur l'Antarctique

Maipú 757 Piso 4 (C1006ACI) – Buenos Aires – Argentine

www.ats.aq

ats@ats.aq

www.ingramcontent.com/pod-product-compliance
Lightning Source LLC
Chambersburg PA
CBHW081651270326
41933CB00018B/3438